CROISADE

CONTRE

L'AFRIQUE.

CROISADE

CONTRE

L'AFRIQUE,

ou

LE TRIOMPHE DE L'HUMANITÉ;

A SA MAJESTÉ IMPÉRIALE ET ROYALE

ALEXANDRE I.er,

AUTOCRATE DE TOUTES LES RUSSIES.

PAR M. CHAVANIER-BÉCHARD.

De l'Imprim. de P. N. Rougeron, rue de l'Hirondelle, N.º 22.

A PARIS,

Chez DELAUNAY, Libraire, Palais-Royal, Galeries de bois.

1818.

CROISADE

CONTRE

L'AFRIQUE,

OU

LE TRIOMPHE DE L'HUMANITÉ.*

L'EUROPE enfin respire, et l'Afrique tremblante
Voit se former au loin cette ligue puissante,
Qui, reprenant encor la foudre des combats,
Doit terminer le cours de ses longs attentats.
Le jour vengeur approche, où l'humanité sainte,
Recouvrant tous ses droits, libre de toute crainte,
Va retrouver enfin, sur ces bords criminels,
La pitié, des vertus, un culte et des autels.
Assez et trop long-temps, ces barbares numides,
Des sultans renégats, des pirates perfides,
Enivrés des succès de leurs sanglans exploits,
De l'Europe agitée ont profané les lois.
Il est temps que les vœux de la philosophie,
Que la Religion, à la valeur unie,
Triomphent, sans retour, de leur féroce orgueil....
Nos drapeaux insultés, nos ports couverts de deuil,

* Cette Pièce a été présentée par l'auteur à l'Empereur Alexandre, lors de son dernier voyage à Paris, le 28 octobre 1818.

Nos veuves, leurs enfans accablés d'indigence,
Les villes, les hameaux, tout crie à la vengeance.
Une cause aussi sainte et d'aussi beaux lauriers
Seraient-ils dédaignés par nos vaillans guerriers?
Le siècle des héros, des arts et des lumières,
Craindrait-il d'accomplir l'ouvrage de nos pères,
Et verrions-nous enfin leurs efforts et leurs vœux
Dans la nuit de la tombe ensevelis comme eux?
Ah! que seraient pour nous cet appareil de gloire,
Dont l'éclat immortel embellit notre histoire;
Ces marbres, ces tableaux, les chefs-d'œuvre des arts
Remplissant les palais des modernes Césars?
Quel fruit nous reviendrait du superbe langage,
Dont la philosophie a fait briller notre âge,
Si de l'humanité la douleur et les cris
Par des héros Chrétiens n'étaient point accueillis?
Mais non : ce mot sacré, que l'Africain ignore,
Aux cœurs Européens se fait entendre encore....
Que la trompette sonne, et bientôt nos guerriers
Voleront sur les pas de nos preux chevaliers.
Ils ont voulu venger la nature outragée;
Leur exemple est sublime, elle sera vengée.
J'en atteste ces rois, nouveaux Amphyctions,
Arbitres souverains du droit des nations,
Ces rois, dont la grandeur et le noble courage
Ont déjà fait tomber les fers de l'esclavage.
Lorsqu'affermis partout, malgré l'impiété,
Le trône et les autels brillent de majesté;
Lorsqu'après tant de maux, plus calme et plus soumis
Une paix glorieuse à l'Europe est promise;

Ils ne souffriront pas que l'étendard puissant,
Que la croix des Chrétiens rampe sous le croissant,
Ni qu'un ramas impur de forbans et d'esclaves
Désole l'univers à la face des braves.

Les temps sont accomplis, l'orgueil sera dompté ;
Un grand siècle s'élève avec la liberté,
Et du sein immortel de cette auguste idole,
La lumière a jailli de l'un à l'autre pôle.
Par ses rayons vainqueurs les peuples éclairés,
Dans des sentiers douteux ne sont plus égarés ;
Le chaos se dissipe.... , et moins démocratique,
La liberté s'allie au sceptre monarchique,
S'embellit, chaque jour, de ses plus nobles droits ,
Devient l'appui du trône et n'obéit qu'aux lois.
Ce pacte solemnel, cette sainte alliance,
Des peuples et des rois consacre la puissance,
Affranchit le pouvoir du pouvoir absolu,
Et donne aux nations un éclat inconnu.
C'est aux rois, protecteurs du pacte politique,
A guider les élans de la raison publique,
A marcher avec elle en pilotes prudens,
Et sans décourager ses pas indépendans.
Le calme de l'Europe est dans leurs mains augustes ;
Les rois sont toujours grands s'ils savent être justes ;
L'amour de leurs sujets, prêts à mourir pour eux,
Affermit pour toujours leur règne glorieux.

Loin de nous, cependant, ces calculs politiques,
Élémens désastreux des misères publiques ;
Ces combats où naguère un despote abhorré
Du sang Européen disposait à son gré ;

Six lustres de grandeurs, de périls et d'alarmes,
Doivent remplir nos vœux et l'honneur de nos armes;
Il ne manque plus rien à leur célébrité,
Que d'illustrer les nœuds de la fraternité....
La folle ambition, dont nous fûmes esclaves,
Ne doit plus diviser la famille des braves....
Après avoir rempli de nos affreux débats
Le monde encor frappé du bruit de nos combats,
Laissons à l'univers l'exemple mémorable
D'un peuple généreux armé pour son semblable;
L'humanité réclame et nos cœurs et nos bras;
Pour elle ouvrons enfin la lice des combats.
Fiers de braver les flots sous la même bannière,
Emules de nos preux, allons porter la guerre
Sur ces bords redoutés où, depuis deux mille ans,
Les tyrans de l'Afrique ont leurs trônes sanglans.
Tout change.... et cependant, sous leur zône brûlante
Le vice et la bassesse ont leur marche constante;
De lâches renégats, sous le joug abattus,
Le Coran à la main, repoussent les vertus.
Les beaux-arts de l'esprit et ceux de l'industrie,
L'art d'orner la raison, conquêtes du génie,
Etouffés par leur goût aux sales voluptés,
Autant que la vertu sont par eux rejetés.
Stupides successeurs de l'antique Carthage,
De ce peuple vanté par sa grandeur sauvage,
Ils ne conservent rien, dans leur caducité,
Que les restes grossiers d'un orgueil indompté.
A ce funeste orgueil joignant la foi punique,
Le meurtre, au lieu de loi, forme leur code inique.

La rivale de Rome enviait les Romains ;
Les fils de Mahomet abhorrent les humains....
De Tunis et d'Alger le monde est tributaire ;
Leur climat n'est pour nous qu'un vaste cimetière ,
Où la mort et les fers , la peste et ses fureurs ,
Etalent, tour-à-tour , leurs sanglantes horreurs.
Là, gissent confondus, sur cette terre immonde ,
Les enfans de l'Europe et ceux du Nouveau Monde.
Partout, et sur la foi d'un prophète imposteur ,
Les Chrétiens sont voués au glaive destructeur.
Aux yeux de ces forbans, n'importe la croyance ,
De la brute au Chrétien il n'est point de distance ,
Et jamais la pitié, ce sentiment si doux ,
D'un féroce Africain n'a fléchi le courroux.
L'enfance, la beauté, la vieillesse débile,
Sur leur sol dévorant ne trouvent point d'asile ;
L'homme, accablé partout de fers et de tourmens,
S'il échappe à la mort , succombe aux châtimens.
De la nature, enfin, cette horde ennemie,
Jusqu'au sein des plaisirs porte la barbarie.
Que dis-je ? leur justice est un assassinat ;
Le despote à lui seul compose son sénat,
Et mollement couché sur le thorus antique,
Il prononce, en fumant, son arrêt tyrannique,
D'un geste absolu, condamne, et dans le même instant,
La victime périt sous les yeux du Sultan.
Quelquefois le despote, emporté par l'ivresse,
A ses bourreaux trop lents oppose son adresse,
Prend le glaive homicide, et, dans ses noirs accès,
De sang et de carnage il remplit son palais.

C'est ainsi que ce peuple, aux Chrétiens formidable,
Supporte d'un tyran le joug insupportable.
Mais, cruel à son tour, ce peuple renégat
Médite, à chaque instant, un nouvel attentat.
Son génie infernal invente des tortures;
Ici, c'est un vieillard tout couvert de blessures,
Qui, respirant à peine et de soif haletant,
Sur le champ qu'il laboure expire en travaillant.
Là, dans les flancs obscurs d'une prison flottante,
D'où s'exhale, en torrens, une odeur suffocante,
Mille esclaves Chrétiens, enchaînés bras-à-bras,
Éprouvent un supplice ignoré des forçats.
Plus loin, pour ranimer leurs forces épuisées,
D'un barbare instrument les pointes aiguisées
Pressent les pas tardifs d'un troupeau de Chrétiens,
Déjà chargés du poids de leurs propres liens.
Cependant, oppressés par la chaleur mortelle,
Trempés de leur sueur, de leur sang qui ruisselle,
Hélas! les malheureux, implorant leurs bourreaux,
Tombent anéantis sous leurs pesans fardeaux;
Ils meurent... mais leurs corps, privés de sépulture,
Aux monstres des forêts vont servir de pâture.
Ce spectacle effrayant, l'aspect de tant d'horreur,
Loin de les attendrir, réchauffe leur fureur.
Qu'importe que la mort frappe ces misérables?
D'autres viendront remplir leurs tâches effroyables.
La fertile Provence ou les mers d'Orient,
Les champs de l'Italie ou ceux de l'Occident,
Dussent-ils n'y laisser que des plages désertes,
De leurs plus chers trésors vont réparer leurs pertes.

Déjà même, chargés de brandons et de fers,
Cent vaisseaux d'Africains infestent les deux mers.
Le désespoir les suit, l'avarice les guide :
Fléau dévastateur de l'empire liquide,
Les monstres qu'il recèle en ses flancs orageux,
Sont moins que ces forbans cruels et dangereux.
L'incendie et le vol, le rapt et la misère,
Signalent chaque jour leur course meurtrière ;
Tantôt, bravant la mer et les flots irrités,
On les voit s'élancer, par la rage emportés,
Sur les pas du vaisseau que la tempête assiège ;
Dans leurs mains à l'instant le bronze sacrilège
Tonne, vomit la mort, et pour comble d'horreur,
Des élémens en feu redouble la fureur.
C'est en vain que le ciel a conjuré l'orage ;
Ainsi que des vautours affamés de carnage,
Debout sur les débris du vaisseau fracassé,
Ils y portent la mort quand l'orage a cessé ;
Disputent le butin, attaquent l'équipage,
Qui passe de l'abîme aux fers de l'esclavage.
  Tantôt, tels que la foudre et ses feux destructeurs,
Qui frappent nos cités sans éclairs précurseurs,
Ils tombent, tout à coup, sur ces plages tranquilles,
Où l'heureux habitant, loin du fracas des villes,
Riche de son travail, orgueilleux de ses mœurs,
Mange un pain qu'il achète au prix de ses sueurs.
Les yeux étincelans et la bouche écumante,
Sur ces bords fortunés ils sèment l'épouvante,
Poussent des cris affreux, et bientôt la fureur
Va mettre la victime aux mains du ravisseur.

Tout s'arme : . . . . et dans l'instant le désespoir, la rage,
Font frémir à leur tour les échos du rivage ;
Mais hélas ! c'est en vain ; sur ces bords malheureux,
L'incendie et la mort sont descendus comme eux.
L'enfance, le vieillard, le temple et la chaumière,
A leur féroce ardeur rien ne peut se soustraire ;
Tout succombe.... Et soudain , à travers les sanglots,
Enrichis de leur proie, ils volent sur les flots,
Ne laissant après eux , sur ces plages fumantes,
Que des murs renversés et des poutres brûlantes,
Des femmes, des enfans , des vieillards mutilés,
Mourans sous les débris de leurs toits écroulés.

Le chef, impatient d'un horrible partage,
La terreur sur le front réunit l'équipage ,
Qui, brûlant de luxure et de la soif de l'or,
Dans les yeux du despote interroge le sort.
Il a parlé... Soudain , plein de trouble et de joie,
Chacun de ces forbans s'empare de sa proie.
Dans ce désordre affreux la beauté, la laideur,
Eprouvent, tour-à-tour, leur brutale fureur ;
Les femmes... tout mon sang se glace dans mes veines ;
Barbares ! pour qui donc préparez-vous ces chaînes ?
Pour qui cet appareil de souffrance et de mort ?
Arrêtez... c'en est fait, l'impitoyable sort ,
Aux mains des meurtriers a livré la victime ;
Pour ces cruels forbans la vieillesse est un crime,
Et la mer va bientôt engloutir dans ses flancs
Les débris mutilés de ses membres sanglans.

O généreux martyrs, victimes déplorables,
Vous tous, qui gémissez dans ces lieux exécrables,

Où du fier musulman la froide cruauté
Vous accable des maux de la captivité,
Chrétiens infortunés! embrassez l'espérance;
Pour vous s'élève enfin le jour de la vengeance.
Vos fers seront brisés : et mes chants précurseurs
Sont un signal de mort pour vos persécuteurs.
L'Europe sur ce peuple, à défaut du tonnerre,
Va porter tout le poids de sa juste colère.
Oui, vous serez vengés.... un Monarque puissant,
Dont le nom glorieux fait pâlir le croissant,
L'orgueil de la Newa, l'immortel Alexandre,
Sur l'autel de la paix a juré de défendre
Les droits sacrés du trône et de l'humanité;
Ce serment solemnel jusqu'au ciel est monté,
Et du sein de la gloire , où brille sa justice,
Le Dieu de l'univers lui tend sa main propice,
Lui promet des succès dignes de ses vertus,
Et l'appelle aux grandeurs dont il combla Cyrus.
En vain, de vos tyrans la stupide arrogance
Du héros des Chrétiens braverait la puissance;
L'humanité le guide : et le bras du vainqueur,
Qui renversa du trône un vil usurpateur,
Qui brisa ce colosse, au monde si funeste,
D'un ramas de forbans dissipera le reste;
Et, malgré les fureurs de ce peuple indompté,
A la voix d'ALEXANDRE ils auront existé.